Die Rolle Preußens bei der Vollendung des Risorgimento in den Jahren 1866 bis 1871. Ausgangssituation und Einflussnahme

Marco Burghardt

Bibliografische Information der Deutschen Nationalbibliothek:

Die Deutsche Nationalbibliothek verzeichnet diese Publikation in der Deutschen Nationalbibliografie; detaillierte bibliografische Daten sind im Internet über http://dnb.d-nb.de abrufbar.

ISBN: 9783346444646
Dieses Buch ist auch als E-Book erhältlich.

Druck und Bindung: Books on Demand GmbH, Norderstedt Germany
Gedruckt auf säurefreiem Papier aus verantwortungsvollen Quellen

Das vorliegende Werk wurde sorgfältig erarbeitet. Dennoch übernehmen Autoren und Verlag für die Richtigkeit von Angaben, Hinweisen, Links und Ratschlägen sowie eventuelle Druckfehler keine Haftung.

Das Buch bei GRIN: https://www.grin.com/document/1033422

Inhaltsverzeichnis

1. Einleitung

„Das 19. Jahrhundert war in Europa [...] das Zeitalter der Nationalstaaten."[1] Mit diesen Worten leitet Bodo Harenberg das Kapitel zum 19. Jahrhundert in seinem Werk „Die Chronik der Menschheit" ein. Damit ist gemeint, dass sich einzelne Regionen zu einem Nationalstaat zusammenschließen oder sich von der Besetzung einer Kolonialmacht befreien. Eines der bekanntesten Beispiele ist die Gründung des Deutschen Reiches im Jahr 1871 oder die Unabhängigkeit Belgiens von den Niederlanden im Jahr 1831. Betrachtet man das Gebiet des heutigen Italiens, dann kann man erkennen, dass dieses in der ersten Hälfte des 19. Jahrhunderts kein geeintes Reich war.[2] Der Grund dafür ist, dass die Gründung des Königreich Italien, ähnlich wie die Gründung des Deutschen Reiches, ein Prozess über mehrere Jahre war. Den Prozess der italienischen Staatsgründung bezeichnet man als Risorgimento. Der deutsche Historiker Werner Daum definiert den Begriff als eine „Epoche der italienischen Nationalstaats- und Nationsbildung, die als nationale „Wiedergeburt" Italiens vom Beginn der napoleonischen Herrschaft über die Halbinsel (1796) bis zum Eintritt des Landes in den Ersten Weltkrieg (1915) reicht."[3]

In dieser Arbeit liegt der Fokus auf der von Daum beschriebenen „Wiedergeburt" Italiens. Aufgrund der Tatsache, dass dieses Thema einen Zeitraum von über 100 Jahren abdeckt, in dem mehrere Großmächte eine wichtige Rolle spielten, wird das Thema dieser Arbeit nun weiter eingegrenzt. Einerseits wird das Thema dahingehend determiniert, dass ausschließlich geschaut wird, wie die Großmacht Preußen das Risorgimento beeinflusst hat. Dabei wird aber nicht der gesamte Zeitraum betrachtet, sondern die Zeit zwischen den Jahren 1866-1871. Der Grund für diese Einschränkung besteht darin, dass Preußen in dieser Zeit zwei große Kriege geführt hat,[4] welche einen Einfluss auf das italienische Gebiet hatten. Um verstehen zu können, welche Auswirkung diese Kriege hatten, muss zunächst geschaut werden, wie die Ausgangssituation 1866 in Europa war. Dabei wird zunächst die politische und wirtschaftliche Situation des Königreichs Italien analysiert. Anschließend soll im dritten Punkt, dem Einfluss Preußens auf die Vollendung des Risorgimento, die außenpolitische Lage der anderen Großmächte auf dem europäischen Kontinent dargestellt werden, damit deutlich wird, welche Machtkonstellation auf dem Kontinent vorherrschte.

---

[1] Harenberg, Die Chronik der Menschheit, S. 668
[2] Anhang 6.1 Karte von Italien im Jahr 1815
[3] Daum, Das italienische Risorgimento 1796-1915, Absatz 1. Das Projekt
[4] Gemeint sind die Kriege gegen Österreich im Jahr 1866 und gegen Frankreich in den Jahren 1870/71

Nachdem dies beschrieben wurde, wird mit den beiden Kriegen 1866 und 1870/71 fortgefahren. Für diese Analyse sollen beide Kriege einzeln, jedoch die Auswirkungen auch im Kontext betrachtet werden. Dabei werden verschiedene Aspekte in dieser Arbeit geklärt. Einerseits soll die politische Situation zwischen Italien und Preußen beschrieben werden und wie diese entstanden ist. Anderseits werden die beiden Kriege analysiert. Dabei soll geschaut werden, welche Auswirkungen die Kriege auf die Vollendung des Risorgimento hatten. Anhand der Entwicklung Italiens sollen Thesen aufgestellt werden, was passiert wäre, wenn diese Kriege nicht stattgefunden hätten und ob dabei der Verlauf des Risorgimento sich verändert hätte. Davon ausgehend kann eingeschätzt werden, welche Rolle Preußen letztendlich für die Vollendung des Risorgimento eingenommen hat. Damit diese Themen analysiert werden können, wird die militärische Lage von den verschiedenen Nationen betrachtet. Als Quelle dient dabei Österreichs Generalstab Bureau für Kriegsgeschichte, Österreichs Kämpfe im Jahre 1866: nach Feldacten, welche ergänzt wird mit Daten aus Fiedlers Werk: Taktik und Strategie der Einigungskriege 1848-1871. Informationen über die diplomatischen Beziehungen zwischen den Großmächten werden unter anderem aus dem Werk von Stübler: Deutschland-Italien 1850-1871: zeitgenössische Texte herausgezogen.

2. Die Ausgangssituation in Europa im Jahr 1866

2.1 Im Königreich Italien

Das Königreich Italien wurde am 17.03.1861 gegründet, indem der Herrscher von Sardinien Piemont Viktor Emanuel II. zum König von Italien ausgerufen wurde. Um zu verstehen, wie dies geschehen konnte, müssen verschiedene Ereignisse zuvor betrachtet werden, damit anschließend gesagt werden kann, in welchem politischen und wirtschaftlichen Zustand sich das Königreich Italien befand. Wirft man zunächst einen Blick auf die Karte von Italien im Jahr 1815,[5] dann wird die Zersplitterung des Landes deutlich. Außerdem lässt sich erkennen, dass Gebiete wie die Lombardei und Venetien zum Habsburger Reich gehörten.

---

[5] Anhang 6.1 Karte von Italien im Jahr 1815

Neben vielen kleinen Gebieten gab es 3 größere Gebiete, welche mit unterschiedlichen Farben eingefärbt sind. Diese Gebiete sind das Königreich Sardinien Piemont im Nordwesten mit der Hauptstadt Turin, der Kirchenstaat in Mittelitalien mit der geistlichen Hauptstadt Rom und das Königreich beider Sizilien im Süden mit der Hauptstadt Neapel. Doch wie konnte es nun dazu kommen, dass der König von Sardinien Piemont König von Italien wurde?

Um ein Verständnis dafür zu entwickeln, muss zunächst der Krimkrieg mit seinen Folgen erklärt werden. Der Krimkrieg war ein Konflikt in den Jahren 1853-1856 zwischen Russland auf der einen Seite und Frankreich, dem Osmanischen Reich, Großbritannien und Sardinien Piemont auf der anderen Seite. Der Krieg wurde von Russland verloren, was verschiedene direkte und indirekte Folgen hatte. Zunächst werden die Folgen für Sardinien Piemont betrachtet, bevor auf die Folgen der anderen europäischen Großmächte eingegangen wird. Das Königreich im Nordwesten Italiens hatte durch den Kriegsbeitritt wie eine unabhängige Nation gehandelt. Dadurch, dass es selbst Truppen mit 15000 Mann entsandt hatte, durfte das Königreich bei den Friedensverhandlungen dabei sein und sicherte sich dabei die Vormacht in Italien.[6] Außerdem wurde ein geheimes Bündnis mit Frankreich geschlossen, was zur Folge hatte, dass das Königreich Sardinien Piemont die außenpolitische Isolation auflöste. Anschließend wurde dieses Bündnis genutzt, um mit Frankreich 1859 einen Krieg gegen Österreich zu führen. Das Ergebnis war, dass Sardinien Piemont Nizza und Savoyen an Frankreich gab und dafür die Lombardei von Österreich erhielt. Außerdem musste König Viktor Emanuel II. versprechen, dass er und falls es zu einer Vereinigung von Italien kommen sollte, die Neutralität in Europa außenpolitisch wahrt.[7] Dem folgend wurde von Giuseppe Garibaldi, ein Freiheitskämpfer in Italien das Königreich beider Sizilien erobert und an Sardinien Piemont übergeben und die Toskana, Parma, Modena und die östlichen Gebiete des Kirchenstaates traten ebenfalls über Abstimmungen dem Königreich von Viktor Emanuel II. bei. Nach dem Ausruf des Königreichs Italien fehlten nur Venetien, welches von Österreich kontrolliert wurde und Rom mit dem Patrimonium des Papstes, welches unter dem Schutz von Frankreich stand, was dessen Unabhängigkeit erklärt hatte.[8] Durch diese unruhige Zeit konnte sich zwar das Königreich Italien gründen, welches sich jedoch noch nicht als vollständig betrachtete. Außenpolitisch war die neugegründete Nation isoliert, weil es die Neutralität wahren musste und wirtschaftlich lag es weit hinter den anderen Industrienationen in Europa.

---

[6] Vgl. Fiedler, Taktik und Strategie der Einigungskriege 1848-1871, S. 161
[7] Vgl. Reuchlin, Geschichte Italiens von der Gründung der regierenden Dynastien bis zur Gegenwart
[8] Vgl. Fiedler, S. 178

Dies lässt sich anhand der sehr geringen Schienenstrecke belegen, welche im Jahr 1861 nur eine Länge von 2000 Kilometer aufwies.[9]

Dementsprechend handelte es sich beim Königreich Italien im Jahr 1866 zwar um ein territorial großes Land, jedoch kann es unter den genannten Bedingungen nicht zu einer industriellen Großmacht gezählt werden.

2.2 Bei den anderen europäischen Großmächten

Nachdem geschaut wurde, wie die Situation in Italien zu Beginn des Zeitraums aussah, werden nun die anderen größeren Nationen in Europa näher beleuchtet. Dabei wird zunächst der scheinbar Verbündete Frankreich betrachtet. Frankreich hatte durch den von Napoleon geführten Krieg stark an Einfluss verloren, dementsprechend suchte man in Frankreich nach neuen Verbündeten. Man wollte aber auch den Einflussbereich auf dem europäischen Kontinent erweitern. Aus diesem Grund wollte Frankreich den Einfluss in Italien erweitern und somit Italien unter eine Schirmherrschaft bringen, was jedoch aufgrund des Schutzes von Großbritannien nicht gelungen ist.[10] Großbritannien erkannte die Unabhängigkeit von Italien an und wollte in Europa größere Konflikte vermeiden, damit der volle Fokus auf den Kolonialismus gelegt werden konnte. Das Königreich Spanien beschränkte sich ebenfalls auf die Verwaltung der Kolonien, weil es genügend Probleme mit diesen hatte. Anders sieht es mit Russland und Österreich aus. Beide waren vor dem Krimkrieg verbündet und wollten ihren Besitz in Europa erweitern. Aufgrund dessen, dass Österreich im Krimkrieg nicht an der Seite Russlands gekämpft hatte, wurde dieses Bündnis nach dem Krimkrieg aufgelöst. Dies bedeutete, dass Österreich als Verbündeter nur die Süddeutschen Staaten geblieben waren, welche sich mit dem Bündnis mit Österreich auch gegen Preußen schützen wollten. Außerdem hatte Österreich mit Frankreich ein geheimes Abkommen. In diesem wurde geregelt, dass Frankreich sich bei einem Krieg zwischen Österreich und Preußen neutral verhalten und dafür nach dem Sieg Österreichs die Gebiete bei Venetien erhalten sollte.

Preußen war die neue Großmacht in Europa, welches mit mehreren deutschen Staaten im Norden verbündet war. Preußen hegte keine Ansprüche in Italien oder bezüglich Kolonien, sondern konzentrierte sich auf den Machtbereich in Mitteleuropa. Dabei waren die größten Konfliktparteien Österreich und Frankreich.

---

[9] Vgl. Altgeld, Risorgimento: Nationalbewegungen, Nationalstaatsgründung, Nationswerdung, S.141
[10] Vgl. Fiedler, S. 10

Österreich machte Preußen die Vormacht bei den deutschen Staaten streitig, Frankreich fühlte sich von Preußen bedroht und war besorgt an Einfluss in Europa zu verlieren. Somit hatten Preußen und Italien scheinbar die gleichen Feinde mit Österreich und Frankreich, was zur Folge hatte, dass die beiden Staaten ein Angriffs-sowie Verteidigungsbündnis schlossen, welches als „Preußisch-Italienischer Allianzvertrag" bezeichnet wurde.[11] Durch die verschiedenen Interessen gab es eine Vielzahl von möglichen Konflikten auf dem Kontinent. Festzuhalten bleibt jedoch, dass Frankreich keine nennenswerten Verbündeten hatte. Im Vergleich dazu hatte Österreich zwar Verbündete, diese waren jedoch militärisch nicht so relevant wie eine Großmacht, was sich 1866 im Deutschen Krieg zeigen sollte.

3. Der Einfluss Preußens auf die Vollendung des Risorgimento

3.1 Im Großen Deutschen Krieg gegen Österreich 1866

Um abwägen zu können, welche Bedeutung Preußen im Risorgimento einnahm, wird zunächst die Ausgangssituation des Kriegs im Jahr 1866 dargestellt werden und welche Auswirkungen der Krieg auf die einzelnen Kriegsparteien hatte. Der Verlauf des Krieges mit den einzelnen Schlachten wird jedoch nicht detailliert beschrieben. Eine Besonderheit des Krieges war, dass die beiden Monarchen den Krieg nicht verantworten wollten und aus diesem Grund auch Preußen lange mit der Kriegserklärung wartete.[12] Schließlich handelte es sich um einen sogenannten „Bruderkrieg" und zudem kämpfte man 1864 noch gemeinsam gegen Dänemark. Jedoch wussten beide Monarchen, dass es dennoch zu einem Krieg kommen wird, um die Vormacht im Deutschem Reich endgültig zu klären, wohingegen Österreich bis zum Kriegsbeginn unwissend geblieben war, dass Preußen ein Angriffsbündnis mit Italien hatte, wie in 2.2 beschrieben. Somit standen im Sommer 1866 die Truppen von Preußen und vieler Norddeutscher Fürsten im Norden zum Angriff bereit und die Truppen von Italien lauerten im Süden mit der Hoffnung, endlich die Gebiete von Venetien von den Besatzern befreien zu können. An der Seite von Österreich kämpften die Truppen von vielen süddeutschen Fürsten. Die militärisch wichtigsten waren Bayern, Württemberg und Sachsen.

---

[11] Vgl. Harenberg, S. 756: Dieser Vertrag war für 3 Monate gültig und hatte besagt, wenn Preußen und Österreich im Krieg sind, dann soll Italien Österreich ebenfalls den Krieg erklären.
[12] Fiedler, S. 199: „Tatsächlich scheuten beide Seiten den ersten Schuss"

Die Frage ist jedoch, wieso es Italien so wichtig war, dass sie Venetien in die Nation integrieren konnten. Die Antwort liegt in den Merkmalen, welche eine Nation ausmachen. Harenberg versteht unter diesen Merkmalen: Sprache, Geschichte, politische Bekenntnis und der Wille, eine Nation sein zu wollen.[13] Dabei treffen alle Merkmale zwischen Italien und Venezien zu, weshalb es das Ziel von Italien war, Venetien zu annektieren. Bisher gab es nur noch keine Gelegenheit dies zu tun, doch der große Deutsche Krieg von 1866 gab letztendlich den perfekten Anlass. Tatsächlich verlor Österreich den Krieg entscheidend, was zur Folge hatte, dass Venetien[14] dem Königreich Italien angegliedert wurde. Preußen sicherte sich die Vormacht im Deutschen Reich und Österreich wurde stark geschwächt und verlor als Folge politisch und wirtschaftlich Bedeutung in Europa. Das Bündnis wurde zwar nach dem Krieg zwischen Italien und Preußen nicht verlängert, jedoch pflegten beide Nationen weiterhin ein gutes Verhältnis, was der deutsche Politiker Wilhelm Emmanuel von Ketteler im Jahr 1887 wie folgt beschreibt „Italien wird wahrscheinlich niemals vergessen, daß soeben italienische und deutsche Soldaten als Verbündete für die italienische und deutsche Einheit gekämpft haben." [15] Analysiert man diese Aussage, dann kann man daraus ableiten, dass Ketteler behauptet, dass dieser Krieg eine Bedeutung für die italienische Einheit hatte. Dies steht außer Frage, denn Italien erhielt in diesem Krieg ein großes Gebiet, welches bis heute zu Italien gehört. Es ist aber interessanter zu schauen, welche Rolle Preußen in diesem Krieg gespielt hatte und ob Italien auch ohne die Hilfe Preußens Venetien erhalten hätte.

Dabei wird die Untersuchung zunächst mit der Betrachtung der Armeen von Italien und Österreich mit dessen Verbündeten begonnen, um zu schauen, was passiert wäre, wenn Italien Österreich ohne Preußen den Krieg erklärt hätte. Wirft man einen genauen Blick auf die Armee Italiens, dann lässt sich festhalten, dass das Militär etwa 480 000 Mann und ca. 42 000 Pferde umfasste.[16] Die genaue Klassifizierung dieser Gesamtzahl ist ebenfalls in den Beilagen des Werkes: Österreichs Kämpfe im Jahre 1866 aufgelistet. Dem gegenüber standen die Truppen von Österreich mit dessen Verbündeten, welche eine Mannesstärke von 650 000 Leuten aufgewiesen haben.[17] Wenn man die beiden Zahlen vergleicht, dann hätten die Truppen von Italien, aufgrund der zahlenmäßigen Überlegenheit kaum eine Chance gehabt.

---

[13] Harenberg, S. 668
[14] Gemeint ist das Gebiet, welches im Anhang 6.1 Karte von Italien im Jahr 1815, als Venetien bezeichnet wird.
[15] W. E. von Ketteler, Deutschland nach dem Kriege von 1866, in: D. Stübler, Deutschland-Italien 1850-1871: zeitgenössische Texte, S.238 f.
[16] Österreich Generalstab Bureau für Kriegsgeschichte, Österreichs Kämpfe im Jahre 1866: nach Feldacten, S.5
[17] Vgl. Fiedler, S.41: „Österreich konnte 1866 insgesamt 528 000 Leute mobil machen" und S.205: „die Süddeutschen Staaten hatten eine Truppenanzahl von 90 000 Mann wozu noch 24 000 Soldaten aus Sachsen gerechnet werden."

Dazu muss erwähnt werden, dass die Armee von Italien sich in keinem guten Zustand befand, weil nicht so viel Kriegserfahrung vorhanden war und zudem gab es schlicht zu wenige Pferde für diese Anzahl an Soldaten,[18] was zur Folge hatte, dass sich der Transport von Material als problematisch erwies, weil unter anderem das Schienennetz ebenfalls kaum vorhanden war. Betrachtet man den realen Kriegsverlauf, dann stellt man fest, dass Österreich einen Großteil der Truppen gegen Preußen verwendet hatte. Die Verbündeten von Österreich haben zudem keine Soldaten nach Italien geschickt. Demzufolge musste Italien im Krieg 1866 nur gegen die Süd-Armee von Österreich kämpfen. Diese besaß eine Mannstärke von nur 190 000 Mann.[19] Dennoch schaffte es Italien nicht, sich im Krieg zu behaupten und wurde in mehreren Schlachten von der besser organisierten österreichischen Süd Armee besiegt. In welchem Ausmaß die militärische Unterlegenheit Italiens gegenüber Österreich war, zeigt sich in der Schlacht bei Custozza. In diesem Gefecht kämpften die Österreicher mit 75 000 Soldaten gegen 127 000 Soldaten auf der Seite Italiens und dennoch wurde die italienische Armee besiegt und musste sich zurückziehen.[20] Aus diesem Grund kann behauptet werden, dass Italien ohne den Verbündeten Preußen den Krieg unter keinen Umständen gewonnen hätte.

Um die Wichtigkeit des Bündnisses mit Preußen beurteilen zu können, wird damit fortgefahren, ob es Alternativen gegeben hätte, wie Italien das Gebiet Venetien von Österreich erhalten hätte können. Eine Möglichkeit wäre gewesen, dass Italien sich erneut mit Frankreich verbündet hätte, um wie im Jahr 1859 gemeinsam gegen Österreich zu kämpfen. Dieses Bündnis hätte unter Umständen den Krieg gewinnen können, jedoch ist davon auszugehen, dass Italien, dann Frankreich weitere Gebiete als Gegenleistung geben müssen. Die Folge wäre gewesen, dass Italien das Gebiet des Reiches nicht vergrößert hätte, sondern sich die Landesgrenze ähnlich wie 1859 nur in Richtung Osten verschoben hätte. Außerdem wäre Frankreich an einem großen Krieg gegen Österreich wenig interessiert, weil die Gefahr zu dieser Zeit nicht von Österreich ausging, sondern von den Preußen,[21] denn auch Frankreich hatte erkannt, dass es militärisch nicht auf dem Niveau von Preußen war. Folglich wäre es sehr unwahrscheinlich gewesen, dass Frankreich mit Italien in den Krieg gezogen wäre.

---

[18] Vgl. Österreich Generalstab Bureau für Kriegsgeschichte, S.4: der starke Mangel an Pferden führte dazu, dass sogar Ochsen im Krieg eingesetzt wurden.
[19] Vgl. Österreich Generalstab Bureau für Kriegsgeschichte, S.10
[20] Vgl. Fiedler, S.230
[21] Sigl, Frankreich und Preußen, in: Das bayerische Vaterland, Nr. 39 vom 16.05.1869, S.1 „Demnach aber läßt es sich nicht leugnen, dass Frankreich, […] wenn auch nicht von Deutschland, doch von Preußen bedroht ist"

Schaut man zu den anderen Großmächten, welche einen Krieg gegen Österreich unter Umständen gewinnen können, dann bleiben nur das British Empire und das Russische Kaiserreich übrig. Bezüglich dem Großbritannien wurde in 2.2 schon beschrieben, dass diese in die Kolonien ihre Ressourcen investieren wollten. Sie wollten lediglich die Unabhängigkeit Italiens, jedoch wäre ein Angriffskrieg nicht im Interesse gewesen. Aus diesem Grund bleibt nur die Möglichkeit, dass man mit dem Russischen Kaiserreich die Österreicher besiegen konnte. Diesem Szenario widersprechen jedoch 3 wesentliche Punkte. Der erste wäre, dass Österreich und das Russische Kaiserreich vor dem Krimkrieg gute Beziehungen hatten. Aufgrund des nicht Beitritts von Österreich verschlechterten sich diese Beziehungen, jedoch waren die Beziehungen nicht so schlecht, dass beide die jeweils andere Nation mit einem Krieg bestrafen wollte, denn man wollte lediglich, dass der andere nicht zu mächtig wird. Damit kann gleich der nächste Fakt genannt werden, welcher gegen einen Krieg Russlands gegen Österreich sprechen würde. Nach dem Krimkrieg erkannte auch der Kaiser Russlands Alexander II., dass das Land Reformen brauchte. Dies hatte zur Folge, dass Russland nicht auf einen so großen Krieg gefasst war. Als letztes spricht noch die Außenpolitik dagegen. Russland hatte kein Interesse an der Mitte von Europa, denn man wollte den Machtbereich im Orient gegen das Osmanische Reich erweitern.[22] Aus diesem Grund lässt sich festhalten, dass Italien Venetien militärisch ohne die Hilfe von Preußen in der Zeit um 1866 nicht erlangt hätte.

Eine weitere Möglichkeit wäre es gewesen, wenn Italien die Provinz von Österreich gekauft hätte. Dem widersprechen ebenfalls 2 wesentliche Fakten. Der erste ist, dass Österreich keine zu großen finanziellen Probleme hatte und folglich kein Interesse gehabt hätte Venetien zu verkaufen. Im Unterschied dazu hatte das Königreich Italien große finanzielle Probleme, weil es „1861 die Staatsschulden der annektierten Staaten übernommen hatte.“[23]

Zusammenfassend kann festgehalten werden, dass Italien ohne die Hilfe von Preußen das Gebiet Venetien nicht annektiert hätte. Folglich ist der Einfluss Preußens auf die Vollendung des Risorgimento im Jahr 1866 schon bedeutsam gewesen, denn die Alternativen waren schlicht nicht vorhanden. Jedoch war dieser Krieg nicht der einzige Krieg, in dem Preußen Einfluss auf Italien hatte, denn schon 4 Jahre später sollte es einen weiteren von Preußen geführten Krieg geben, welcher einen Einfluss auf die Geschichte Italiens hatte.

---

[22] Vgl. Kolb, Umbrüche deutscher Geschichte 1866/71, 1918/19, 1929/33, S.38
[23] Freund, Die Rechtsverhältnisse der Öffentlichen Anleihen, S.175

3.2 Im Deutschen Krieg gegen Frankreich 1870

Der deutsche Krieg gegen Frankreich in den Jahren 1870 und 1871 war, wie der Name schon sagt, ein Krieg zwischen Frankreich und den deutschen Fürsten, welche von Preußen angeführt wurden. Das Königreich Italien hatte in diesem Krieg nicht mitgewirkt und war dennoch eine Nation, welche stark von den Folgen des Krieges profitierte. Im Folgenden soll deshalb geklärt werden, inwieweit Italien von der Niederlage Frankreichs im letzten Deutschem Einigungskrieg profitierte. Dazu wird zunächst der Ausgang des Krieges sowie die Folgen, welche der Krieg mit sich brachte, beschrieben. Anschließend soll erneut analysiert werden, welche Rolle Preußen in diesem Krieg hatte und welche Möglichkeiten es gegeben hätte, vergleichbare Folgen für Italien zu erlangen, wenn Preußen sich nicht wie in der Geschichte verhalten hätte.

Wirft man zunächst das Augenmerk auf die Ausgangssituation des Krieges, dann handelt es sich um einen Angriffskrieg Frankreichs gegen Preußen und seine Verbündeten. Der Anlass des Krieges war die bekannte Emser Depesche,[24] welche von Bismarck an den französischen König geschickt wurde. Anders als von Frankreich erwartet, verhielten sich die deutschen Südstaaten im Krieg nicht neutral, sondern stellten sich auf Seite von Preußen, wodurch die Niederlage Frankreichs schon früh besiegelt wurde.[25]

Um verstehen zu können, welche Bedeutung die französische Niederlage für Italien hatte, muss man die Umstände der Herrschaft Napoleons den III. näher betrachten. Dieser war nicht sehr beliebt und hatte innenpolitisch viele Probleme, weshalb er seine Macht über vernünftige Außenpolitik etablieren musste. Ein wichtiges Ziel dieser Außenpolitik war der Schutz des Papstes in Rom. Aus diesem Grund wurden seit 1848 bis 1870 französische Truppen im Kirchenstaat stationiert, welche die weltliche Herrschaft des Papstes schützen sollten.[26] Aufgrund dieser Außenpolitik war klar, dass das französische Heer besiegt werden musste, wenn der Kirchenstaat in das italienische Königreich integriert werden sollte. Die Vergangenheit hatte jedoch gezeigt, dass Frankreich dem Schutz des Papstes eine hohe Wertigkeit zugeordnet hatte, denn im Jahr 1849 wurde ein Aufstand im Kirchenstaat durch besagte französische Truppen niedergeschlagen.

Mit dem Fortschreiten des Krieges wurde die Niederlage Frankreichs immer wahrscheinlicher, was den französischen König dazu veranlasste, die in Rom stationierten Truppen abzuziehen, um mit diesen Truppen möglicherweise die Wende im Krieg gegen die Deutschen zu erreichen.

---

[24] Gemeint ist das Schreiben über die Vorfälle in Bad Ems, welche von Bismarck überarbeitet wurde
[25] Vgl. Fiedler, S.237
[26] Vgl. Gudemann, Das Lexikon der Weltgeschichte, S. 380

Die Folge war, dass nach dem Abzug der französischen Garnison der Kirchenstaat nur noch seine eigene Armee zur Verfügung hatte und die permanent für den Schutz des Papstes angeordnete Schweizergarde. Dies war jedoch nur eine Verteidigung für kleinere Überfälle, jedoch hatte die Armee des Kirchenstaates gegen die zahlenmäßig überlegene italienische Armee keine Chance.[27] Mit der Einnahme von Rom wurde das Risorgimento im Jahr 1870 abgeschlossen, wodurch Rom bis heute die Hauptstadt Italiens wurde und der Papst die letzte politische Bedeutung verlor.

Dies würde vermuten lassen, dass auch in den Jahren 1870/71 der Einfluss Preußens auf die Vollendung des Risorgimento groß war, jedoch kann dies nur beurteilt werden, wenn die möglichen Alternativen geprüft wurden. Es wird aus diesem Grund mit der Prüfung fortgefahren, ob Italien aus eigener Kraft den Kirchenstaat unter Kontrolle hätte bringen können. Dabei wäre die Folge gewesen, dass Italien einen Krieg gegen Frankreich hätte führen und gewinnen müssen. Betrachtet man die Stärke der französischen Armee, dann fällt auf, dass diese „nur" 250 000 Soldaten umfasst[28] und damit wesentlich schwächer wäre im Gegensatz zur österreichischen Armee. Doch wäre es dadurch möglich gewesen, dass die italienische Armee einen Krieg gegen Frankreich hätte gewinnen können. Rein von den Zahlen wies die Armee Italiens eine ähnliche Mannstärke auf und die weiteren 4 Jahre führten dazu, dass Italien seine Armee verbessern konnte. Ein stetiges Problem im Königreich Italien war jedoch, dass die Aufstände vor allem im Süden nicht abnahmen, was zur Folge hatte, dass etwa ein Drittel der Soldaten zur Unterdrückung des sogenannten „Brigantenaufstand" gebraucht wurden.[29] Die Beseitigung dieses Aufstandes war einer der Gründe, welcher das Scheitern eines möglichen Krieges gegen Frankreich wahrscheinlich machte.

Neben dem Sieg in einem Krieg hätte es noch die Möglichkeit gegeben, dass Italien Rom über diplomatische Verhandlungen erhält. Dazu hätte man sich zu nutzen machen können, dass Frankreich Preußen die größte Gefahr zuordnete und Italien als möglichen Verbündeten gewinnen wollte. Tatsächlich gab es Verhandlungen zunächst zwischen Frankreich und Italien ein Bündnis zu schließen.

---

[27] Kilian, Bibel Kirche Militär: Christentum und Soldatsein im Wandel der Zeit, S. 68: Die Armee des Kirchenstaates umfasste 12 000 Mann, welche 1870 der besser organisierten italienischen Armee mit rund 75 000 Mann ausgeliefert war.

[28] Fiedler, S. 23

[29] Altgeld, S. 141 f. „Und er (der König von Italien) hatte fast die gesamten 1860er Jahre mit der Herausforderung des Brigantenaufstandes im Süden zu schaffen. […] Phasenweise waren bis zu 100.000 Soldaten einzusetzen, um diese Aufstände zu unterdrücken."

Anschließend sollte das neue Österreich-Ungarn diesem Bündnis ebenfalls zu einer Tripple Allianz[30] hinzugefügt werden, wodurch alle Nationen vor Preußen geschützt gewesen wären. Dieses Bündnis wird heute als „Dreibundplan" bezeichnet, weil es nur Verhandlungen ohne Findung einer Einigung gewesen waren. Dabei gibt es mehrere Gründe für das Scheitern. Einer der Gründe war, dass die römische Frage[31] nicht geklärt werden konnte. Diese Verhandlungen haben jedoch gezeigt, dass es nicht möglich gewesen ist, dass Italien über den diplomatischen Weg den Abzug der französischen Truppen schaffen konnte.

Die letzte Möglichkeit wäre gewesen, dass Italien direkt mit dem Papst verhandelt, dieser den Kirchenstaat auflöst und somit Rom in das Königreich Italien integriert wird. Aber auch diese Lösung schien eher unwahrscheinlich zu sein, denn über Volksabstimmungen musste der Kirchenstaat schon 1860 mehrere Gebiete an das damalige Sardinien Piemont abgeben, bevor dieses zum Königreich Italien wurde. Tatsächlich gab es eine Art Verhandlung, denn es gab ein Schreiben der italienischen Armee am 11.09.1870, dass diese Rom kampflos aufgeben sollen und dadurch alle Rechte behalten dürfen. Zudem wurde folgendes versprochen: „Die Unabhängigkeit des Heiligen Stuhls wird inmitten der bürgerlichen Freiheiten unverletzlich bleiben, und zwar besser als sie es jemals unter dem Schutz fremder Investitionen gewesen ist."[32] Dabei wurde von Seite der italienischen Regierung der Kompromiss angeboten, dass Rom die neue Hauptstadt Italiens wird, mit der Bedingung, dass der Papst weiterhin uneingeschränkt sein Amt ausüben kann. Dieses Angebot hatte zwei Hintergründe. Einerseits wollte man der Bevölkerung zeigen, dass man keinen Krieg in Italien wollte, sondern man eine diplomatische Lösung anstrebte und andererseits wollte man mit diesem Angebot die katholische Bevölkerung und andere katholische Nationen zufrieden stellen. Dies meint, dass Italien keineswegs das Zentrum der katholischen Kirche beseitigen wollte, sondern ein miteinander anstrebte. Das war ebenfalls nötig, damit andere katholische Nationen, wie beispielsweise Spanien oder Portugal, nicht Italien den Krieg erklären würden. Zwar wurde das Angebot abgelehnt, weshalb am 20.09.1870 Rom belagert wurde, jedoch wird die Unabhängigkeit der katholischen Kirche in Rom bis heute als Vatikanstadt gewahrt.

Mit dem Anschluss Roms an Italien wurde das Risorgimento im Jahr 1870 überwiegend abgeschlossen.

---

[30] Busch, Die Beziehungen Frankreichs zu Österreich und Italien zwischen den Kriegen von 1866 und 1870/71, S. 72: Die Tripple Allianz sollte ein Verteidigungsbündnis zwischen Frankreich, Italien und Österreich-Ungarn sein.

[31] Gemeint ist, dass Italien Rom als Hauptstadt betrachtete, wohingegen der Papst Rom als Hauptstadt des Kirchenstaats definierte.

[32] General Raffaele Cardonas, Proklamation an die Bewohner der römischen Provinzen, Terni 11.09.1870

Preußen spielte dabei erneut eine bedeutende Rolle, denn diese besiegten die Franzosen, wodurch der Weg nach Rom für Italien frei wurde. Mit der Einnahme von Rom konnte zwar der Papst weiter seines Amtes walten, jedoch verlor er politisch jegliche Bedeutung, was den Einfluss des Christentums auf die Politik stark schwächte.

4. Schlussbetrachtung

Die Gründung Italiens war ähnlich kompliziert wie die von Deutschland. Bei beiden Nationen mussten vorher mehrere Kriege geführt werden, damit sich ein Fürst behaupten konnte und anschließend die Nation einigen konnte. Sardinien Piemont gelang dies schon 10 Jahre eher in Italien als Preußen in Deutschland. Im Unterschied zu Deutschland erlangte Italien nach der Reichsgründung noch Gebiete, wie Venetien und Rom, welche bis heute im Staat sind. Trotz des territorialen Abstandes, welchen Preußen und Italien hatten, spielte Preußen eine große Rolle für das Risorgimento. In dieser Arbeit sollte geklärt werden, welche Rolle Preußen im Risorgimento eingenommen hat. Die gegenseitige Interaktion begann dabei nach der Gründung Italiens, indem Preußen den neuen Staat anerkannte. Aufgrund von gemeinsamen Interessen und Feinden kämpften die beiden Nationen 1866 gemeinsam, wodurch der Sieg Preußens gegen die Österreicher wichtig war, denn sonst hätte Italien den Krieg ebenfalls verloren, was einen großen Schritt entgegen der Vollendung des Risorgimento bedeutet hätte. Im Jahr 1870 konnte durch preußische Hilfe die Stadt Rom Italien hinzugefügt werden. Dementsprechend kann gesagt werden, dass durch Preußen Italien seine Hauptstadt erlangt hat.

Auch wenn Preußen bis 1861 kaum Einfluss auf Italien hatte, kann aufgrund der Folgen der beiden Kriege gesagt werden, dass Preußen der entscheidende Faktor in der Vollendung des Risorgimento war. Es kann zwar nicht mit Sicherheit gesagt werden, wie die Geschichte sich ohne Preußen entwickelt hätte, dennoch kann festhalten werden, dass ohne Preußen die genannten Gebiete Venetien und Rom wesentlich später dem Königreich Italien hinzugefügt worden wären. Dabei ist auch erwähnenswert, dass selbst gelehrte wie Ketteler schon 1867 erkannten, dass die Zusammenarbeit von Preußen und Italien in der Zukunft dazu führen wird, dass Italien die Vollendung der Einheit in der Stadt Rom erhält,[33] was die Bedeutung Preußens ebenfalls untermauert. Wie groß der Einfluss Preußens generell im Risorgimento war, lässt sich kaum beschreiben, weil das Königreich Sardinien Piemont am stärksten zur Einigung Italiens

---

[33] Vgl. Ketteler, in: D. Stübler, Deutschland-Italien 1850-1871: zeitgenössische Texte, S.239

beigetragen hat. Außerdem spielte auch Frankreich ebenfalls eine große Rolle. Jedoch steht mit Sicherheit fest, dass Preußen durch die Zusammenarbeit mit Italien zumindest die Vollendung des Risorgimento beschleunigt hat.

In diesem Zusammenhang wäre es ebenfalls interessant zu schauen, welche Bedeutung Italien umgekehrt für die deutsche Einigung hatte. Dabei würde der Krieg im Jahr 1866 erneut eine große Rolle spielen, aber dabei es ist ebenfalls bedeutsam, dass Italien und Frankreich kein Bündnis geschlossen hatten. Ein weiterer Aspekt wäre, dass geschaut wird, inwieweit die Zusammenarbeit von Preußen und Italien eine Bedeutung auf die weitere Beziehung zwischen den Nationen im Kolonialismus oder den Weltkriegen hatte.

5. Quellen- und Literaturverzeichnis

Quellenverzeichnis:

General Raffaele Cardonas, Proklamation an die Bewohner der römischen Provinzen, Terni 1870, in: Dietmar Stübler, Deutschland-Italien 1850-1871: zeitgenössische Texte, Leipzig 2007

Hermann, Reuchlin, Geschichte Italiens von der Gründung der regierenden Dynastien bis zur Gegenwart: Band 2,2 Von der ersten Niederlage Karl Alberts und der Unterwerfung Siciliens bis auf die Gegenwart, Leipzig 1860

Willhelm Emmanuel von Ketteler, Deutschland nach dem Kriege von 1866, Mainz 1867, in: Dietmar Stübler, Deutschland-Italien 1850-1871: zeitgenössische Texte, Leipzig 2007

Österreich Generalstab Bureau für Kriegsgeschichte, Österreichs Kämpfe im Jahre 1866: nach Feldacten, Band 2, Wien 1868

I. Sigl [Autor], Frankreich und Preußen, in: Das bayerische Vaterland: (1869), Nr. 39 vom 16.05.1869
Url:https://books.google.de/books?id=ybVDAAAAcAAJ&pg=PT121&dq=preu%C3%9Fen+bedrohung+frankreich&hl=de&sa=X&ved=2ahUKEwjY3oqTmePqAhWHsaQKHedcAboQ6AEwAHoECAAQAg#v=onepage&q=preu%C3%9Fen%20bedrohung%20frankreich&f=false
Abruf am 23.07.2020

Literaturverzeichnis:

Bodo Harenberg, Die Chronik der Menschheit; Band 3 der Chronik Edition, Dortmund 1984

Dieter E. Kilian, Bibel Kirche Militär: Christentum und Soldatsein im Wandel der Zeit, Norderstedt 2018

Eberhard Kolb, Umbrüche deutscher Geschichte 1866/71, 1918/19, 1929/33, München 1993

Frank Fabian, Die geheim gehaltene Geschichte Deutschlands, Was bis heute von Historikern verschwiegen wird, München 2016

Günther Siegfried Freund, Die Rechtsverhältnisse der Öffentlichen Anleihen, Berlin 1907

Siegfried Fiedler, Taktik und Strategie der Einigungskriege 1848-1871, Augsburg 2002

Werner Daum, Das italienische Risorgimento 1796-1915. Eine Einführung, Url: http://www.risorgimento.info/einfuehrung.htm, letzte Aktualisierung 01.01.2018, Abruf am 20.07.2020

Wilfried Radewahn: Europäische Fragen und Konfliktzonen im Kalkül der französischen Außenpolitik vor dem Krieg von 1870. In: Eberhard Kolb (Hrsg.): Europa vor dem Krieg von 1870. Mächtekonstellation – Konfliktfelder – Kriegsausbruch, München 1987

Wilhelm Busch, Die Beziehungen Frankreichs zu Österreich und Italien zwischen den Kriegen von 1866 und 1870/71, Paderborn 2011

Wolf Eckhard Gudemann, Das Lexikon der Weltgeschichte, München 1998

Wolfgang Altgeld, Risorgimento: Nationalbewegungen, Nationalstaatsgründung, Nationswerdung, in: Landeszentrale für politische Bildung Baden-Württemberg, DER BÜRGER IM STAAT, HEFT 2–2010, Stuttgart 2010
Url: http://www.buergerimstaat.de/2_10/italien.pdf, Abruf am: 21.07.2020

6. Anhang

6.1 Karte von Italien im Jahr 1815

Entnommen aus W. E. Gudemann, Das Lexikon der Weltgeschichte, S. 381